ADOLPHE ROYANNEZ

LA FRANCE

SOUS

NAPOLÉON III

MARSEILLE

IMPRIMERIE COMMERCIALE J. DOUCET

Rue Venture, 10.

1868

LA FRANCE SOUS NAPOLÉON III

ADOLPHE ROYANNEZ

LA FRANCE

SOUS

NAPOLÉON III

MARSEILLE
IMPRIMERIE COMMERCIALE J. DOUCET
Rue Venture, 10.

1868

LA FRANCE

SOUS

NAPOLÉON III

Marseille, 2 décembre 1688.

Il y a dix-sept ans, à pareille date, des barrcades s'élevaient dans les rues de Paris et le canon grondait, ...
, ...
. . . .

Trois jours après, ...
. . . .
. . . .
. . . . . le calme était rétabli et, dans la capiale en deuil, l'ordre régnait. . . . . comme à Varsovie.

De cette terrible et sinistre lutte, l'histoire dira un jour ce qu'il faut penser. En attendant, je veux dire, moi, comme c'est le droit et le devoir de tout patriote, aussi simplement et même — pourquoi ne pas l'avouer, au risque de faire sourire certains lecteurs? — aussi naïvement que possible, ce qu'a produit le Deux Décembre 51......

Et d'abord, fait au nom de l'*ordre* et sous le prétexte de *sauver la Société*, le coup d'état du deux décembre — qui n'a rien sauvé du tout, et pour cause! — a commencé par compromettre les principes et les fondements mêmes de tout ordre et de toute société, puisqu'il n'a été qu'une audacieuse violation de la loi..........................

....

....

Excès du pouvoir exécutif contre la nation, cet acte, qu'un vote a absous, mais que les générations futures n'absoudront pas, cet acte n'est autre chose qu'une conspiration de palais, qui a réussi grâce au système excessif de centralisation gouvernementale et administrative qui pèse sur la France, et grâce aussi, surtout, à la terreur inspirée par les menaces, si bien mises à exécution, des signataires des proclamations affichées dans Paris et dans toutes les villes où la résistance essayait de lever la tête et de s'organiser.

L'indiffence, la peur et la lâcheté des citoyens ont plus fait pour le triomphe du coup d'Etat que la valeur des arguments invoqués par le Président de la République, devenu, depuis, Empereur des Français, sous le nom de Napoléon III. — Et de cette indifférence, de cette peur, de cette lâcheté — qui n'ont pas encore cessé partout aujourd'hui — je rends responsables, non point ceux-là seulement qui ont renversé la République, mais encore et principalement les réactionnaires de toutes formes et de toutes couleurs, les modérés, les prétendus hommes d'ordre et de légalité, les soi-disant défenseurs de la religion, de la famille et de la propriété, qui, sous prétexte de sagesse, de prudence et de patience, avaient alors, comme ils s'efforcent encore de le faire aujourd'hui, éteint dans le cœur du peuple tout sentiment de courage et de patriotisme.

S'ils se plaignent actuellement, ces complices du coup d'Etat; s'ils trouvent que le pouvoir est trop fort, la liberté trop restreinte et trop limitée, ils n'ont qu'à s'en prendre à eux-mêmes, car ce sont eux qui, en faisant résister au peuple aux journées de Juin, en votant les transportations en masse, en poussant aux expéditions de Rome à l'intérieur, en comprimant tout élan d'indépendance, toute initiative généreuse, ce sont eux qui ont semé le découragement dans les rangs des ouvriers, produit l'abaissement des caractères et préparé le terrain aux empiètements, aux voies de fait de l'usurpation ?

Et pourquoi se plaignent-ils, aujourd'hui ?

Est-ce, — comme ils le répètent à satiété et sur tous les tons à qui veut bien les entendre, — parce qu'ils se sentent trompés et froissés dans leurs aspirations libérales ? Est-ce parce qu'ils rêvent la gloire de la France, le bien-être des travailleurs, le respect des principes, le triomphe du droit et de la justice, le règne de la liberté ? Est-ce parce qu'ils souhaitent que l'ouvrier ne soit plus traité en esclave ou que l'employé, ce serf de la bancocratie, ne soit plus à la merci des hauts barons ou des grands seigneurs de la féodalité financière ? Est-ce, enfin, parce qu'ils veulent, pour tous les hommes, l'égalité de droits et de devoirs, les mêmes sacrifices et les mêmes avantages ?

Non point : les principes ne sont, pour eux, que des mots ou des masques; ils ne se plaignent que par rancune ou par jalousie de métier. Ce qu'ils regrettent, ces monarchistes affublés de libéralisme, c'est de s'être laissé surprendre et vaincre par celui-là même qu'ils espéraient jouer et dont ils croyaient pouvoir se servir comme d'un instrument aveugle et docile. Ce qu'ils veulent, ce n'est ni la justice ni le triomphe du droit populaire, mais le pouvoir et la domination. Ce dont ils se plaignent, ce n'est pas que la France soit appauvrie, opprimée et mal gouvernée, mais qu'elle le soit par d'autres mains que les leurs. Dans leurs plaintes et dans leurs griefs, l'amour du peuple et de la patrie n'entre pour rien ; l'ambition déçue les anime seule.

Voyant maintenant, mais trop tard, que le coup d'Etat n'a pas, comme ils le pensaient, tourné à leur profit ou à celui de leurs princes, ils boudent comme des enfants rageurs et mal appris ; mais ils n'ont rien d'élevé, de noble ni de généreux dans leur colère, et le peuple aurait grand tort d'ajouter aucune foi à leurs protestations, à leur libéralisme de fraîche date.

Mais laissons de côté les modérés, ces politiques égoïstes et à courte vue qui ont toujours sacrifié et immolé la chose publique à leurs intérêts personnels, et revenons à l'Empire, qui, ayant promis à la France l'ordre, la paix, la gloire et la liberté, ne nous a donné rien de tout cela, car rien de tout cela n'existe présentement, ainsi qu'il est facile de le prouver.

L'ordre n'existe pas en France, car l'ordre n'est possible que là où la loi, courbant tous les hommes sous son niveau égalitaire, s'impose à toutes les volontés. Or, il n'en est pas ainsi dans notre cher pays, soumis depuis dix-sept ans au régime de l'arbitraire, conséquence naturelle, inévitable et forcée, de tout gouvernement personnel.

Certes, si l'on entend par le mot ORDRE, le silence de la peur, le calme matériel dans les rues, l'absence de manifestations publiques et de barricades, on peut dire, à la rigueur, que l'*ordre* règne en France, — comme il règnait naguère à Madrid, sous la pieuse Isabelle, conseillée par Narvaez ou par Gonzalez Bravo— car, aujourd'hui, contrairement à ce qui avait lieu du temps de Louis-Philippe ou de la République, on ne fait plus, dans aucune ville, ni émeutes ni insurrections, et Paris et Lyon restent parfaitement tranquilles, supportant en silence toutes les épreuves.

Mais qu'est-ce que cela prouve ?

Rien, sinon que, — persuadés que le pouvoir actuel, qui n'a pas toujours tenu toutes ses promesses, sera fidèle du moins à celle relative à l'énergie de la répression — les mécontents ne veulent plus descendre dans la rue ni soulever les pavés pour de simples échauffourées, plus nuisibles qu'utiles, et préfèrent se résigner à la patience, jusqu'au jour où, par suite de telle ou telle circonstance, ils pourront faire triompher leurs principes, ayant pour appui, comme les vainqueurs de la Messaline espagnole, l'unanimité de l'opinion publique.

Quant à l'ordre moral, le seul qui soit sérieux et puisse offrir quelque sécurité, quelque garantie de durée et d'avenir, il n'a rien à voir dans le morne et froid silence qui a suivi les lugubres nuits de Décembre 51. L'ordre véritablement digne de ce nom, c'est le calme résultant de l'harmonie produite par le libre consentement universel, et non point le fruit de la terreur qu'inspire la présence des baïonnettes, des chassepots et des canons.

En effet, que, pour une cause quelconque, cette terreur cesse tout à coup, et l'on verra comme le silence et le calme d'aujourd'hui deviendront aussitôt le bruit et le trouble de demain.

En Angleterre, en Belgique, en Suisse, aux Etats-Unis, dans tous les pays enfin non soumis au régime du sabre, où toutes les idées peuvent se manifester librement, où les réunions publiques ne sont pas entravées, où chacun a la faculté de parler et d'agir comme il veut, il y a mille fois plus d'ordre réel et durable que nous n'en avons en France, où nous ne pouvons rien dire ni faire sans la permission ou le bon plaisir de l'autorité.... qui ne sait pas toujours elle-même ce qu'elle veut, prohibant ici ce qu'elle a toléré là-bas et frappant aujourd'hui ce qu'elle a permis la veille.

Pour que l'ordre existe dans un pays, il faut que chacun y soit responsable de ses actes et ne puisse porter préjudice au prochain, sans supporter la peine du tort qu'il a causé, du mal qu'il a fait, de l'abus de pouvoir qu'il a commis.

Or, il n'en est pas ainsi en France, où les citoyens paraissent être divisés en deux classes, bien tranchées et bien distinctes : — l'une, composée des agents de l'autorité, ayant tous les avantages, tous les droits, même, à l'occasion, ceux d'insolence et de brutalité, pouvant tout se permettre et tout faire ; — l'autre, formée de la foule des gouvernés, condamnée à l'obéissance passive, ayant tous les ennuis, toutes les charges, tous les devoirs, même celui de se laisser insulter et maltraiter sans se défendre.

La police est aujourd'hui maîtresse de la France, et maîtresse absolue et irresponsable, pouvant, sans aucun danger pour elle, arrêter les citoyens les plus inoffensifs, qui n'ont qu'à remercier la Providence, — ce qui est une pauvre et maigre consolation, — lorsqu'ils en sont quittes pour une nuit ou deux passées au violon, car toute espèce de recours ou de dédommagement leur est interdite. La récente et scandaleuse histoire des demoiselles Parent est là, au milieu de tant d'autres, pour prouver la vérité de cette assertion.

Au lieu d'aller s'asseoir sur le banc d'un tribunal correctionnel, — comme il y fût allé si, vu sa qualité de policier, il n'eût été protégé par le fameux article 75 de la Constitution de l'an VIII, auquel l'Empire donne une étrange et singulière extension — l'agent trop zélé qui a arrêté à tort les demoiselles Parent en a été quitte pour une simple mise à pied.

Ne vous gênez donc plus, MM. les fervents ! arrêtez à tort et à travers ! et, quand vous aurez nui à l'honneur ou à la liberté d'un citoyen ; quand vous aurez envoyé des jeunes filles honnêtes passer une nuit sous les verrous, dans la compagnie des prostituées et des reines du trottoir, vous jouirez de l'impunité la plus révoltante, car l'article 75 vous couvre de sa toute puissante protection.

Mais voici qui est encore mieux ... et, quoique l'histoire soit déjà un peu vieille, je la crois encore assez intéressante pour mériter d'être rapportée ici, car elle peut, mieux que toutes les dissertations, montrer à chacun comment l'*ordre* règne en France et quelle espèce d'ordre y règne.

Cela se passait, il y a quelques années — je ne saurais préciser exactement — dans le département de la Loire.

Sur les instances de M. Chapuys de Montla ville, sous-préfet de Trevoux et fils du sénateur de ce nom, le procureur impérial de Saint-Etienne avait fait enlever violemment un enfant à sa mère et séquestrer illégalement celle-ci. Il croyait que, vu les relations de famille du sous-préfet, la chose pas serait inaperçue ou n'aurait pas de conséquences graves. Cependant, il se trompait, et le scandale fut si grand que le gouvernement se vit forcé de donner satisfaction à l'opinion publique, en révoquant le magistrat qui n'avait pas craint d'abuser ainsi de sa position.

Mais, peu de temps après, ce magistrat, qui était tout devoué à l'Empire, rentra en grâce et fut nommé président du tribunal civil de Villefranche, dans le département du Rhône......, ce qui aboutissait pour lui à un double avantage, puisqu'il obtenait une position à la fois plus importante et inamovible.

N'y a-t-il pas là, vraiment, un encouragement aux excès de zèle ou aux complaisances de certains procureurs imperiaux? Et peut-on dire sérieusement que l'ordre existe dans un pays où se passent de semblables choses?

Mais, si l'ordre n'existe pas en France, la paix, — malgré certain mot célèbre de certain discours prononcé à Bordeaux, — la paix n'existe pas davantage, — ainsi que le prouvent surabondamment les guerres de Crimée, d'Italie, de Chine, de Cochinchine, de Rome et du Mexique.

Jamais, depuis la défaite de Waterloo, aucun gouvernement français n'est entré aussi souvent en campagne que le gouvernement actuel.

Depuis que règne Napoléon III, la France est en guerre avec presque tout le monde, s'ingéniant même à aller chercher querelle au Nouveau Monde, lorsqu'elle ne peut rien tenter dans l'Ancien.

Et encore, si ces guerres rapportaient à la nation quelque profit ou quelque gloire, on pourrait, peut-être, à la rigueur, les absoudre, sinon les approuver. Mais il n'en est point ainsi, et aucune des guerres du second Empire n'a atteint le but proposé ou annoncé.

Elles n'ont toutes été, en somme, que d'éclatants *fiascos*.

Entreprise pour régler la question d'Orient — qui, soit dit en passant, ne pourra être résolue que par la Révolution — la guerre de Crimée n'a abouti qu'à un vain succès militaire, acheté à prix d'or, de patience et de sang. Quant à la question en elle-même, elle n'a point fait un seul pas, et de nouveaux nuages s'amoncèlent sur les bords du Danube ou du Bosphore.

La guerre d'Italie, qui devait rendre cette nation « libre des Alpes à l'Adriatique », a laissé Venise aux mains de l'Autriche et Rome au pouvoir des moines et des prêtres.

Qui donc a pu arrêter l'heureux vainqueur et lui faire suspendre si brusquement l'accomplissement de son brillant et pompeux programme? Est-ce la crainte d'un revers de fortune ? ou n'est-ce pas plutôt la peur de la Révolution ?

Et qu'ont produit les expéditions de Chine et de Cochinchine ? Quel bénéfice en a tiré la patrie ?

Là comme ailleurs, notre or n'a été prodigué et notre sang n'a été versé que pour préparer et faciliter les voies à l'Angleterre. Nous tirons les marrons du feu, et MM. les Anglais les mangent. N'est-ce pas là jouer un rôle de dupes ? et faut-il que nos soldats —nos frères, après tout, car ce ne sont plus ceux qui ont prêté la main au Coup d'Etat —faut-il que nos soldats aillent se battre en héros et bravement se faire tuer, pour un tel résultat ?

Et au Mexique ? qu'y sommes-nous allés faire ? Qu'y avons-nous gagné ? Des millions à payer aux agioteurs et la honte de laisser fusiller, presque sous nos yeux, l'imprudent ambitieux auquel nous avions offert une couronne impériale.

C'était vraiment bien la peine d'aller si

loin, de dépenser tant d'argent et de sacrifier tant de milliers d'hommes !

Et de nos *merveilles* du chassepot à Mentana, que faut-il en penser ? Est-ce là un fait d'armes bien digne du peuple qui se prétend. sans sourciller, à la tête du monde et de la civilisation ?

Nous ! à la tête du monde et de la civilisation ? Ah ! vraiment, il n'en est rien.

Il est possible que nous ayons jadis occupé ce poste. C'est qu'alors la France était la nation la plus brave, la plus noble, la plus libre, la plus généreuse et la plus chevaleresque, s'attaquant seulement aux forts et secourant les faibles. Mais aujourd'hui, avec les chaînes de l'Empire au cou ? Allons donc ! nous ne sommes plus que des pygmées, criant beaucoup, faisant grand bruit et force tapage, mais nulle besogne... et la gloire promise à la France par l'Empire se résume toute dans les trophées de Mentana et dans le cadavre de Maximilien jeté dans les fossés de Queretaro.

Jolie gloire vraiment, et dont nous devons être bien fiers !

Mais pourquoi l'Empire, qui a des instincts si belliqueux, qui fait si volontiers la guerre aux Garibaldiens et aux Mexicains, ne s'arme-t-il que contre les petits et les faibles? et pourquoi laisse-t-il si passivement égorger le Danemark et la Pologne? Pourquoi ne s'attaque-t-il pas un peu aux forts, à ceux qui pourraient lui répondre? et pourquoi a-t-il si bénévolement accepté les conséquences de Sadowa? Non point qu'au fond il ait eu bien grand tort de ne pas intervenir dans les affaires intérieures de l'Allemagne, — car l'autonomie et l'indépendance de l'Allemagne doivent être respectées comme celles de la France — mais enfin, quand on croit bon d'intervenir à Rome en faveur du Pape, sous prétexte d'influence morale ou de position stratégique, pourquoi ne pas aussi intervenir à Berlin dans le même but?

Ah! si l'on s'est abstenu ici et si l'on est intervenu là-bas, c'est que l'on savait pouvoir triompher facilement à Rome, tandis qu'on avait peut-être bien quelque peur d'être battu sur le Rhin, par les fusils à aiguille... et l'on a écouté la voix de la prudence.

Pourquoi, hélas! ne l'écoute-t-on pas plus souvent ?

Mais si l'on ne fait la guerre que contre les petits et les faibles, pourquoi le luxe d'une armée de douze cents mille hommes ? Croit-on donc que l'agriculture soit en trop grande prospérité, que le travail et le commerce aillent trop bien, aient trop de bras à leur service? Ou bien, ces douze cents mille soldats sont-ils enrégimentés dans le but de combattre un ennemi intérienr ? L'Empire sentirait-il donc s'éloigner de lui l'estime et l'amour des populations, et prétendrait-il se les rattacher par la toute puissance des baïonnettes?

Si ce n'est pas là ce qu'il veut, force est de croire qu'il a la guerre en perspective, en dépit de la phrase, *l'Empire c'est la paix*. Or, la guerre en perspective, c'est le travail national interrompu, l'industrie paralysée et le commerce anéanti ; c'est le négociant déposant son bilan et l'ouvrier mourant de faim ; c'est, pour tous, la ruine et la misère.

Et qu'on ne crie pas à l'exagération, car les chiffres sont là pour répondre,

En 1850, sous la République, alors que tout allait de travers, au dire des officieux actuels, le budget annuel était de quinze cents millions, tandis qu'il s'elève maintenant à deux milliards trois cents millions, soit une augmentation de huit cents millions, c'est-à-dire de plus de la moitié. Et qui paye tout cela?

Le peuple...qui, cependant, est souvent sans travail et n'a pas tous les jours du pain à donner à ses enfants.

Et qui profite de ces huit cents millions d'augmentation?

Assurément, ce n'est ni vous ni moi, ami lecteur.

Peut-être la France serait-elle capable de supporter un tel budget si, en compensation, elle avait la liberté. Mais elle ne l'a pas, le couronnement de l'édifice restant

toujours enfoui dans la profondeur des souterrains de la pensée gouvernementale.

Or, il s'agit de l'en faire sortir au plus tôt, car une pareille situation ne peut se prolonger plus longtemps, sans compromettre à jamais l'avenir et le salut de la France.

Mais quel moyen employer? Et les élections de 1869 peuvent-elles être de quelque utilité, de quelque efficacité, pour la revendication et la conquête de nos droits ?

En d'autres termes, le peuple doit-il voter aux prochaines élections?

A priori et en principe, je dis carrément NON, l'abstention étant la seule conduite logique et digne dans un pays où les électeurs, privés de la liberté de la presse, ainsi que des droits de réunion et d'association, ne peuvent élire qui ils veulent.

Pas n'est besoin de longs discours pour prouver que nous n'avons ni liberté de la presse, ni droit de réunion ou d'association. Il suffit, pour établir cette preuve, de rappeler, d'une part, les procès d'Alais et de Nîmes, — où les crosses et les baïonnettes des Chassepots *ont fait merveille*, tout comme à Mentana, — et, d'autre part, les condamnations réitérées qui pleuvent sur le dos des écrivains.

Quant à démontrer que les électeurs ne peuvent élire qui ils veulent, la chose n'est pas plus difficile, et chacun sera convaincu de cette impossibilité, radicale et absolue, en se rappelant l'obligation du serment préalable imposée aux candidats.

Par suite de cette obligation du serment préalable, les électeurs qui voudraient donner leurs voix à Barbès, à Blanqui, à Ledru-Rollin, à Félix Pyat, à Louis Blanc, à Quinet, à Victor Hugo, sont nécessairement obligés de s'abstenir, aucun de ces divers citoyens ne consentant à prêter le serment exigé.... ce en quoi ils ont tous mille et mille fois raison.

Et, en effet, qu'est-ce qu'un serment ?

C'est une promesse solennelle, un engagement d'honneur, de faire ou de ne pas faire telle ou telle chose. A ce titre, le serment est chose sacrée et inviolable, et l'homme qui se respecte ne doit prêter un serment quelconque qu'avec la ferme intention de le tenir loyalement, dans son esprit comme dans sa lettre.

Or, les adversaires de la dynastie napoléonienne — républicains, orléanistes ou légitimistes — qui, tous, doivent, au fond de leur cœur, aspirer, dans des vues différentes, à faire échec à l'Empire, à le renverser même, pour le remplacer par le gouvernement de leur choix — les adversaires de la dynastie napoléonienne, dis-je, peuvent-ils, sérieusement et en conscience, *jurer fidélité à l'Empereur et obéissance à la Constitution ?* Leur volonté, leurs aspirations, leurs désirs étant d'éliminer l'Empereur et de changer la Constitution, ils sont parjures, sinon de fait, du moins d'intention, dès l'instant même où ils prêtent serment.

Cela est-il digne ? cela est-il honnête ? cela est-il moral ?

Les électeurs qui veulent envoyer au parlement impérial des députés anti-dynastiques ne sont pas, je le sais, à court d'arguments, pour expliquer et justifier leur résolution. Ils prétendent, entre autres choses :

1° Que le serment politique n'est qu'une simple et vaine formalité insignifiante, que les puritains ont tort de prendre trop au sérieux ;

2° Que *prêter* un serment n'est pas le donner, et que chacun a le droit de reprendre, quand il lui plait ou quand il peut, ce qu'il n'a fait que *prêter* par force, et que, en somme, on peut bien suivre d'AUGUSTES exemples.

Mais tout ceci n'est que spécieux, et il faut vivre dans une époque aussi troublée, aussi démoralisée, aussi corrompue que la nôtre, pour que de pareilles thèses puissent se soutenir au grand jour, sans soulever d'indignation tous les cœurs et toutes les consciences.

Oui ! pour que de tels sophismes puissent trouver des défenseurs, des avocats, des prôneurs, il faut que le sens moral soit complètement perverti en France et que toutes les notions de justice, de droit et de devoir, de bien, de mal, soient confondes ou perdues. Si ce triste état des esprits est la conséquence du régime impérial, grande sera devant l'histoire la responsabilité de nos gouvernants actuels, que la postérité accusera d'avoir anéanti la conscience publique.

Quant à moi, je l'avoue, c'est là, après l'acte de Décembre, après la confiscation de nos libertés, l'un des plus grands griefs que j'aie à formuler contre l'Empire.

Étant données la nature humaine, avec ses vices, et les nécessités de la politique, je comprends les mesures violentes et sanglantes qui ont accompagné le Coup d'Etat. Je comprends que, dans certains moments d'exaltation révolutionnaire ou réactionnaire, on supprime radicalement ses adversaires, en les fusillant ou les guillotinant ; mais je ne comprends pas qu'on pervertisse et qu'on tue les consciences. Or, sciemment ou non, volontairement ou non, c'est là ce qu'a fait l'Empire, par son système de compression et d'autorité à outrance, et l'on peut dire que la France sous Napoléon III n'a plus de sens moral.

Et comment aurait-elle pu conserver le sens moral, quand on a, sinon prescrit, du moins toléré tout ce qu'il fallait pour le lui faire perdre ?

Jamais, sous aucun gouvernement, la France n'a été, comme sous Napoléon III, couverte d'estaminets, de cercles, de cafés-concerts et de lupanars. Les buvettes et les cabarets semblent sortir de terre comme par enchantement et s'élèvent de tous côtés, comme autant de temples ouverts au dieu Bacchus.

Ce n'est plus l'esprit qui court les rues aujourd'hui, c'est l'ivresse et la prostitution. On a dit à la France : « amuse-toi, enrichis-toi, et ne t'inquiète pas de la chose publique, car nous sommes là, faisant bonne veille, afin de t'éviter tout souci ; le vin, le jeu, l'or et les femmes, voilà ce qu'il te faut, prends-en à satiété », et, devenant une nation de jouisseurs, la France, qui n'a que trop bien entendu, s'est plongée à corps perdu dans l'orgie, dans les plaisirs brutaux et dans l'agiotage....

On a exalté sur tous les tons la sainteté de la théorie du succès à tout prix et l'on a dressé des autels à la divinité du *fait accompli*. Est-il donc étonnant qu'avec un tel système le sens moral se soit égaré et ait complètement fait naufrage?

Mais revenons à la question électorale et aux arguments des anti-dynastiques assermentés.

Non! le serment politique n'est pas une simple et vaine formalité. C'est bel et bien un engagement d'honneur, qui lie l'assermenté à celui auquel il prête serment. C'est un acte, sinon de vasselage, au moins de soumission ou d'humiliation, auquel ne doit pas se résigner un homme qui se prétend anti-dynastique. Tout serment prêté est un hommage rendu à celui qui l'exige: cela équivaut pour celui-ci à une reconnaissance, à une consécration de ce qu'il proclame être ses droits, et un homme qui nie ces derniers ne peut s'engager, même du bout des lèvres, à les respecter.

Admettre en ceci les restrictions mentales, c'est imiter la conduite ténébreuse, lâche et tortueuse qu'on a toujours blâmée chez les fils et disciples de Loyola ; c'est s'abaisser à leur niveau et s'ôter bénévolement le droit de les critiquer.

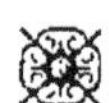

O vous qui estimez que l'on peut innocemment se jouer de la foi du serment, que penseriez-vous d'un homme qui, voulant prendre votre femme ou séduire votre fille et ne pouvant pénétrer chez vous qu'à l'aide d'un serment quelconque, se résignerait à jurer ce que vous exigez de lui et s'empresserait, une fois introduit dans votre domicile, d'y semer le trouble, le déshonneur, la honte et la mort ? Croiriez-vous alors que le serment qu'il vous avait prêté n'était qu'une vaine et simple formalité, et penseriez-vous qu'il a eu raison, qu'il a noblement agi de ne pas prendre cette formalité trop au sérieux ? Lui pardonneriez-vous sa trahison, son manque de foi, comme vous pourriez lui pardonner d'avoir manqué à la formalité de politesse qui consiste à ôter son chapeau et à saluer les gens chez lesquels on entre? Ne diriez-vous pas, au contraire, que cet homme est un judas, un infâme, un monstre, qui s'est indignement joué de votre bonne foi? Et ne seriez-vous pas disposé à l'immoler à votre vengeance, à le tuer, comle dernier des misérables ?

Eh bien ! pourquoi préconiser, pourquoi tolérer dans la vie publique, ce que vous condamnez et repoussez dans la vie privée?

On ne saurait trop le répéter : il n'y a pas deux morales, — l'une publique, l'autre privée; l'une grande, l'autre petite; — il n'y en a qu'une seule, qui commande à tous, puissants ou faibles, le respect de la foi jurée, de la parole donnée, et s'impose également à tout le monde, dans toutes les positions, dans toutes les circonstances de la vie.

Créer deux règles de conduite, — l'une pour la politique, l'autre pour la vie ordinaire — c'est livrer le monde à l'immoralité, au viol et au pillage; c'est donner d'avance l'absolution à tous les crimes.

Si l'homme politique a le droit de ne pas tenir son serment, la femme a le droit de trahir inpunément son mari, le débiteur a le droit de ne pas payer ses dettes et l'employé, l'ouvrier a le droit de voler son patron. Avec ce système, il n'y a plus rien de respectable ni de sacré, et la société n'est plus qu'une immense forêt de Bondy, peuplée de voleurs et d'assassins, dans laquelle chacun n'a plus qu'à s'armer d'un poignard ou d'un révolver, pour se défendre contre les tentatives du voisin.

C'est le retour à la barbarie.

Est-ce donc là ce que veulent ceux qui soutiennent la thèse du parjure politique ?

D'un autre côté, prétendre que le serment se prête et ne se donne pas, c'est jouer sur les mots.

La formule du serment étant celle-ci : « JE JURE FIDÉLITÉ A L'EMPEREUR ET OBÉIS-

SANCE A LA CONSTITUTION, » il faut être d'une insigne mauvaise foi, ou complètement aveuglé par les passions politiques, pour trouver dans cette formule matière à équivoque ou à jeu de mot. Rien n'est plus clair, plus net, plus franc, plus précis que cette formule. Celui qui la prononce ou qui la signe s'engage réellement et ne peut se dégager qu'en donnant sa démission.

Alors, — et seulement alors — il redevient libre. Mais, tant qu'il conserve le mandat pour lequel il a prêté serment, il est lié et doit agir comme un bon vassal envers son suzerain.

Enfin, s'autoriser du coup d'Etat pour prêter un serment qu'on n'a pas l'intention de tenir, c'est absoudre radicalement le Deux Décembre et s'interdire le droit d'adresser aucun reproche à son auteur.

Ou le Président de la République a mal fait — et alors l'on ne doit pas l'imiter — ou il n'a pas été coupable — et, dans ce cas, l'on est mal venu à recriminer sans cesse contre lui. En bonne logique, on ne peut dire autre chose.

Quant à moi, qui veux me conserver le droit de juger selon ma conscience, je n'admets pas qu'on puisse prêter un serment quelconque avec aucune arrière-pensée de trahison.

Si le Président de la République a mal fait, fera-t-on mieux que lui, en l'imitant? Et, parce que Pierre a été volé, trompé, a-t--il le droit de se faire voleur, menteur à son tour? — Non point, car la faute de l'un n'excuse jamais celle de l'autre, et ce n'est jamais sur ceux qui ont failli qu'il faut prendre exemple.

Tout cela, nous le savons parfaitement, — répondent les anti-dynastiques partisans du vote quand même. Mais, comme nous voulons combattre l'Empire et que nous ne pouvons le faire qu'en lui envoyant des députés opposants, pensant comme nous, nous prenons sur nous la responsabilité du parjure que nous imposons à nos candidats. En prêtant officiellement et par force serment à l'Empereur, c'est à nous-mêmes que nos élus jurent de se dévouer, ce sont nos inérêts, nos aspirations qu'ils jurent de servir et de défendre. Il y a entre eux et nous accord tacite, et nous les absolvons d'avance du parjure qu'ils peuvent être amenés à commettre.

Or, je le dis hautement, au risque de déplaire à certains de mes amis, c'est là un déplorable gâchis moral, et je plains sincèrement mon pays de se voir condamné, réduit à de telles manœuvres.

Mais à quoi pensent donc les électeurs qui raisonnent comme ci-dessus? et qu'elle confiance peuvent-ils avoir en la parole d'un homme auquel ils disent de prêter un serment qu'ils lui recommandent de ne pas tenir? Singulière aberration de l'esprit humain! Mais ne comprend-on donc pas que cet homme, qui a l'ordre de trahir un serment public et qui s'engage, en petit comité, à être parjure, peut aussi bien manquer de parole à ses électeurs qu'à l'Empire?

Agir ainsi, n'est-ce pas s'embarquer follement sur une mer orageuse, pleine de mortelles surprises? Où est la boussole qui pourra guider dans une telle nuit morale?

Et quel reproche pouvez-vous faire à votre mandataire, si, contrairement à vos espérances et à ses promesses envers vous, il tient son serment de fidélité à l'Empire? Ne serait-il pas en droit de vous répondre, à la moindre récrimination de votre part : « Vous m'avez appris qu'un serment était une vaine formalité sans importance, que l'on pouvait violer sans scrupule, suivant son intérêt ou les circonstanees, et j'ai écouté la voix de mon intérêt, j'ai obéi aux circonstances en restant fidèle à l'Empire, malgré la promesse contraire que je vous avais faite. » Et que pourriez-vous répliquer à une pareille réponse?

Rien, sinon que, comme Georges Dandin, c'est vous-mêmes qui l'avez voulu.

Qu'on le sache bien : pas plus en politique qu'en affaires privées, on ne fait rien de de bon avec l'improbité, et c'est être le jouet d'une étrange illusion que de croire que la liberté peut sortir d'une violation de la saine morale, ou s'acquérir à l'aide d'un subterfuge.

La liberté est une trop fière maîtresse pour se laisser escamoter sournoisement ; elle se conquiert par une révolution, mais elle ne se livre pas au parjure. Elle aime les audacieux, mais non les habiles ; et les peuples qui n'ont pas le courage de lui faire violence, de la prendre de force, les peuples qui ne savent que ramper ou ruser restent privés de ses faveurs.

Mais, objecte-t-on, avec une telle exagération de puritanisme, on n'arrive à rien, on laisse le pouvoir maître de faire tout ce qu'il veut, et l'on joue le jeu de l'Empire. Il faut bien, quoiqu'il en puisse coûter à la conscience, nommer des députés, puisque, seuls, ils ont le droit de parler librement et d'éclairer l'opinion publique. Pour être logiques, ceux qui n'admettent pas le serment ne devraient ni faire de journaux, ni payer l'impôt, ni accepter le service militaire; ils devraient quitter la France et imiter Victor Hugo, Félix Pyat, Quinet, Louis Blanc et autres.

Je ne me le dissimule pas: il y a du bon et du vrai dans ceci, et, en principe, on ne peut guère désapprouver de tels conseils. Mais comment les mettre en pratique ?

L'expatriation n'est pas permise à tout le monde: pour s'expatrier, il faut de l'argent, et tout le monde n'en possède pas.

Quant aux refus de l'impôt et du service militaire, ils ne peuvent être individuels. Pour qu'ils produisissent un effet utile, il faudrait qu'ils fussent organisés d'une manière générale.

Or, comment arriver à cette organisation? Et une telle organisation est-elle même seulement possible? Peut-elle être tentée?

Une chose qui, dans ce même ordre d'idées, me semblerait plus praticable et pourrait rallier tous les amis de la plus stricte légalité, ce serait un chômage général de tous les adversaires de l'Empire.

Si tous les ouvriers mécontents renonçaient en même temps, par toute la France, au travail pendant plusieurs jours; s'ils abandonnaient tous ensemble les ateliers, quel effet produirait une telle tactique? Cela ne vaudrait-il pas mieux que tous les discours des plus brillants, des plus éloquents orateurs? Ne serait-ce pas là de la bonne et véritable opposition révolutionnaire, sans phrases et sans art, mais de l'opposition de fait, capable de produire des résultats sérieux et appréciables?

Ou les démocrates sont impuissants et constituent véritablement, comme on l'affirme en certains lieux, une infime minorité dans le pays, et, dans ce cas, ils n'ont qu'à prendre patience et à se résigner, comme ils font depuis dix-sept ans ; ou ils sont nombreux et forts, et, s'ils adoptaient une telle mesure, ils devraient triompher.

J'ai demandé, tout-à-l'heure, si une telle démonstration — toute légale et toute pacifique — ne vaudrait pas mieux que tous les discours des plus brillants orateurs, et je maintiens la question.

En effet, quel bien ont produit, quel mal ont empêché les députés de l'opposition, avec toute leur éloquence? Le pouvoir n'en a-t-il pas toujours fait qu'à sa guise?

Où et quelles sont les libertés que nous

devons à nos députés ? Privés de toute initiative parlementaire, que peuvent-ils faire pour le peuple ?

Rien, absolument rien.

Ils ne servent, à mon avis, qu'à maintenir le gouvernement, dont ils sont les auxiliaires les plus précieux, les plus utiles, à tel point qu'il est permis de supposer que . . . , si les hommes de la gauche n'existaient pas, l'Empire se verrait obligé de se créer à lui-même une opposition d'apparence radicale, et de payer des comparses chargés de lui faire la guerre, un semblant d'opposition étant toujours indispensable pour le succès d'une comédie parlementaire.

L'opposition du Corps législatif n'est qu'un trompe-l'œil, destiné à faire croire aux gens superficiels que la France jouit de la liberté de la tribune.

Pouvant dire certaines choses sans danger aucun, sans s'exposer à la prison ni à l'amende, — comme il arrive si fréquemment aux journalistes, — les députés n'aboutissent, en fin de compte et malgré toute leur bonne volonté contraire, qu'à jouer le rôle d'endormeurs ou d'amuseurs de la galerie et à entretenir le peuple dans une fatale illusion, mortelle à la liberté.

De plus, ils aident le pouvoir, en lui criant sans cesse « casse-cou, » et c'est là rendre un fort mauvais service aux électeurs anti-dynastiques.

Que ceux qui rêvent l'utopie d'un Empire libéral envoient des députés opposants, pour essayer de forcer un peu la main au pouvoir, cela se conçoit, car ils soutiennent le gouvernement, en s'efforçant de l'arrêter sur la pente de certaines fautes, de certaines maladresses, de certaines mesures réactionnaires. Mais que des hommes se disant adversaires de l'Empire se prêtent à une pareille besogne, cela ne se comprend pas.

Quand on est réellement l'adversaire de quelqu'un, on doit se réjouir de toutes les fautes que ce quelqu'un peut commettre et se bien garder de lui en éviter aucune.

S'il n'y eût pas eu d'opposition au Corps législatif, si celui-ci n'eût été composé que d'Arcadiens, l'Empire, livré à lui-même, à ses instincts naturels, aux inspirations provocatrices de ses Mameloucks, eût été constamment poussé dans les voies extrêmes de la rigueur, et aujourd'hui... l'on ne verrait pas se produire des faits qui attristent tous les vrais amis de la liberté, à quelque nuance qu'ils appartiennent.

Que de choses il y aurait à dire à ce sujet, s'il était possible de parler en toute liberté et d'écrire tout ce que l'on pense ?

Mais point. Passons donc.

Mais, — répliquent les hommes qui croient

à l'influence salutaire de l'opposition au Corps législatif — si vous trouvez l'opposition parlementaire nuisible, en ce sens qu'elle peut éclairer le gouvernement et lui épargner des fautes que vous seriez bien aise de lui voir commettre, vous devez aussi condamner les journaux d'opposition, car ils rendent également service au gouvernement, en lui faisant connaître l'état des esprits.

Non point, répondrai-je ; car il n'y a nulle similitude entre la position des journalistes et celle des députés. Ceux-ci prêtent serment, et ceux-là sont insermentés, conservant, par conséquent, la liberté complète de leur for intérieur; ceux ci, comme il a été dit plus haut, ne courent aucun risque, et ceux-là vont en prison, quand leurs écrits dépassent certain alignement insaisissable; ceux-ci, par la latitude relative qui leur est laissée, font croire qu'il existe en France une certaine dose de liberté de la parole; ceux-là, au contraire, par les fréquentes condamnations dont ils sont frappés, prouvent que la liberté de la presse, rcconnue et permise en principe, ne se pratique guère en fait, et que la tolérance seule existe.

Aujourd'hui, comme il y a dix-sept ans, la France est sous le coup de l'arbitraire, livrée au bon plaisir de l'autorité. Et cela est tellement vrai, que les mêmes actes, les mêmes écrits sont tour-à-tour incriminés ou non, acquittés ou punis sévèrement, suivant qu'ils se produisent ici ou là, qu'ils sont l'œuvre de telle personne ou de telle autre, ainsi que cela s'est vu le mois dernier, à propos de la souscription Baudin, ainsi même qu'il arrive journellement pour ce que l'on nomme les délits de presse.

Il n'y a pas de règle fixe, et le pouvoir semble n'agir que par boutades ou caprices, ni plus ni moins qu'une jolie femme. Et cela, qui dure depuis dix-sept ans, durera encore tant que ne surviendra pas un changement radical,

Or, — on l'a vu — ce n'est point l'opposition parlementaire actuelle qui peut amener un tel changement.

Supposons, maintenant, que les électeurs de 1869 envoient à la Chambre une majorité anti-dynastique, quoique assermentée.

Que pourra faire cette opposition? Lui sera-t-il seulement permis de se réunir une fois et de prendre une délibération quelconque? Et le gouvernement, qui a déjà devant lui l'exemple et le précédent du *balayage* de l'assemblée républicaine ne pourra-t-il pas dissoudre le Corps législatif? Ne sera-t-il pas tenté de recourir à un nouveau coup d'État?

Je sais bien que les coups de main ne réussissent pas toujours et que ce qui était possible à une époque, dans certaines circonstances données, ne l'est plus dans une autre, les conditions sociales n'étant plus les mêmes. Mais qui empêcherait le pouvoir d'essayer une seconde édition du deux décembre, s'il croyait encore une telle mesure nécessaire pour « sauver la société » ? Et que deviendra, dans ce cas, l'idée du progrès « par les voies légales ? »

En vérité, plus on y réfléchit, plus on semble amené à voir que la France se trouve dans une fatale impasse... et il faut avouer que ce ne sont pas les révolutionnaires qui l'ont ainsi acculée, puisque, depuis dix-sept ans, ils n'ont eu aucune part d'influence dans le maniement des affaires publiques.

A la rigueur, si la conception d'un Empire libéral était autre chose qu'un rêve, on pourrait comprendre que les amis de la liberté voulussent se rendre en masse, comme un seul homme, au scrutin de 1869. Mais ce n'est là qu'une belle illusion, une généreuse utopie. L'alliance de la liberté avec l'autorité à outrance est complètement impossible. C'est chose contradictoire, car la liberté impériale ressemble à la liberté catholique, c'est-à-dire qu'elle n'est qu'un mot. Et cela n'est pas le fait des hommes, mais des principes.

Fussent-ils, — comme je veux le croire, —animés des meilleures et des plus patriotiques intentions, les hommes qui nous régissent actuellement ne pourraient donner à la France, avec leur système gouvernemental, les libertés nécessaires à une nation qui veut être réellement grande et prospère.

Malgré eux, nos gouvernants se croient toujours au lendemain du Coup d'Etat. Or, ils se trompent étrangement, car si, prise tout-à-coup d'un fol accès de terreur, la France a eu un moment soif d'*ordre* et de silence, elle est actuellement altérée de liberté... et il faudra bien que satisfaction soit enfin donnée à ses nouveaux besoins.........

....

....

....

Non, ceux qui prêchent l'abstention ou le vote en blanc ne jouent pas le jeu de l'Empire,

Cependant, comme je ne veux pas être soupçonné de jouer ce jeu, je déclare reconnaître volontiers que l'on peut être très-bon démocrate en croyant — bien qu'à tort, selon moi — à l'efficacité du scrutin et en allant voter en 1869. Ceci est affaire d'appréciation personnelle, de caractère et de tempérament.

Mais qu'on jette le masque, alors, et qu'il soit bien publiquement convenu et entendu que la politique est chose qui n'a rien à démêler avec la saine et stricte morale; que, en politique, suivant la maxime des jésuites, la fin justifie les moyens et que tous les moyens sont bons. — Cela, il est vrai, ressemble bien quelque peu à du cynisme.

Mais à qui la faute!

Que l'on vote donc, si l'on veut, afin de ne point faire de division sur une question de conduite, mais que l'on ne dise plus que les abstentionnistes ont tort en principe. . et que tous les candidats de l'opposition républicaine reçoivent, à titre de mandat impératif, l'ordre formel de refuser le vote du budget... ou de n'accorder les subsides demandés par le gouvernement, qu'autant que celui-ci rendra à la nation les libertés qui lui ont été prises et qu'elle réclame Alors, en agissant ainsi, en coupant les vivres au pouvoir, l'opposition servira réellement à quelque chose et fera véritablement œuvre utile et profitable. Qu'on le sache bien : tant que l'on se bornera à faire de beaux discours et que, après ces discours, on accordera aux ministres les sommes qu'ils demandent, on ne fera rien pour le peuple ni pour la liberté. Ce ne sont plus des paroles qu'il faut maintenant, ce sont des actes... et des actes énergiques... A l'œuvre donc , ouvriers de la Révolution !,....

Au surplus, pourquoi tant parler et s'occuper des élections de 69 ? Auront-elles seulement lieu, ces élections, si impatiemment attendues ?

Il est, au moins, permis d'en douter. Et voici pourquoi :

La situation présente de l'Europe est trop tendue, trop onéreuse à tout le monde, pour pouvoir se prolonger plus de quelques mois encore.

D'une part, l'hiver est rude, le travail manque et la misère du peuple augmente de jour en jour. D'autre part, la paix armée ruine les nations, qui, bientôt, ne pourront plus supporter des charges si lourdes. La guerre est donc plus ou moins prochainement inévitable, car la guerre seule peut mettre fin à une telle crise.

D'où partira l'étincelle qui allumera l'incendie? Nul peut-être ne le sait encore ;

mais cette étincelle partira — pas n'est besoin de se poser en prophète pour le prédire — et le premier effet de l'entrée en campagne sera le renvoi des élections à la conclusion de la paix.

Si, contre toute probabilité, la guerre n'a pas lieu, la Révolution éclatera, par suite de la misère, qui est excessive, ainsi que pourrait l'établir publiquement une enquête sérieusement faite. Car il n'y a pas que les ouvriers qui souffrent et manquent de pain : le petit commerce lui-même est mort et les petits boutiquiers ne font rien. Tous se plaignent et, tant que la confiance ne sera pas rendue aux capitaux, les plaintes iront sans cesse grandissant.

En vérité, je vous le dis : de grandes choses nous sont réservées pour l'année prochaine, et l'échéance de 1869 laissera dans l'histoire du monde une trace ineffaçable. Quet ous les bons citoyens, que tous ceux qui aiment sincèrement la France, la liberté et l'humanité se tiennent donc prêts, afin de ne point se laisser surprendre par les événements, car ces évènements peuvent mettre en cause l'existence même de la France.

Comme au Deux Décembre, comme depuis qu'il règne, Napoléon III tient aujourd'hui dans ses mains le sort du pays; mais, mieux qu'au Deux Décembre, il peut aujourd'hui, si tel est son désir, se rendre compte du véritable état de l'opinion publique.

Puisqu'il est tout-puissant, puisque la Constitution lui donne le droit de proposer tous les Sénatus-consultes imaginables, et que, suivant les affirmations incessantes des officieux, il ne veut autre chose que le bonheur de la France, pourquoi ne ferait-il pas de nouveau, comme il en a été question dans certains journaux, appel au suffrage universel et ne convoquerait-il pas les électeurs à un dernier champ de Mai? Pourquoi, en vue de sa propre édification, ne se retremperait-il pas encore une fois dans le scrutin national et populaire? Il saurait alors si, comme le prétendent ses conseillers, les opposants ne forment qu'une infime minorité ou si, comme le croient les hommes des « vieux partis », il ne marche plus d'accord avec la masse de la nation.

Et ne pourrait-il, pour donner à ce nouveau baptême populaire le caractère d'une véritable manifestation patriotique, licencier préalablement son armée, son administration, et entreprendre, avec sa famille, un voyage d'agrément dans les Cours étrangères? Alors, chacun pourrait voter librement, sans subir aucune influence officielle, aucune pression autoritaire, sans peur comme sans calcul, et le résultat du vote, quel qu'il fût, pourrait être déclaré la véritable et indiscutable expression de l'opinion nationale.

Si, de cette façon, la France acclamait encore l'Empire, tout serait dit et il resterait avéré, aux yeux de tous, que le peuple français a réellement rompu à tout jamais avec son passé et s'estime heureux de ne posséder que fantômes de libertés.

Dans le cas contraire, il serait prouvé, ou que l'Empire n'a pas tenu les promesses de la Présidence décennale, ou que la génération qui a succédé aux votants de Décembre 51 a d'autres aspirations que ces derniers.

Folie ! va-t-on s'écrier peut-être.

Folie?... Eh bien, soit ! mais folie sublime. et qui assurerait dans la postérité une gloire à jamais impérissable au potentat qui se laisserait gagner par elle.

Et, pour le présent, nul, après pareille épreuve, n'aurait plus le droit de penser, — comme j'en suis intimément convaincu, — que l'Empire ne se soutient en France que grâce à « la fermeté de la répression ».

Ad. ROYANNEZ.

POUR PARAITRE PROCHAINEMENT :

LES PARIAS

DU

SERVICE ACTIF DANS LES CHEMINS DE FER

LA BANQUEROUTE

Marseille.— Imp. Com. J. DOUCET, rue Venture, 10.

OUVRAGES DU MÊME AUTEUR

L'ATHÉISME ET LA RÉVOLUTION

Brochure de 32 pages in-8°. — Prix : 1 franc.

LETTRE D'UN RÉVOLUTIONNAIRE FRANÇAIS

A UN RÉVOLUTIONNAIRE ESPAGNOL

Brochure de 16 pages in-8 . — Prix : 1 franc

EN VENTE CHEZ L'AUTEUR

102, RUE SAINT-PIERRE, A MARSEILLE, 102

L'ÉCHÉANCE DE 1869

LETTRE SUR LES PROCHAINES ÉLECTIONS GÉNÉRALES

Brochure de 32 pages in-16. — Prix : 30 cent.

EN VENTE

A l'imprimerie Commerciale, 10, rue Venture

à Marseille

LES LOISIRS D'UN PRISONNIER

Deux beaux volumes in-8°

Prix : **3** *fr.*; *par la Poste*, **3 80**

EN VENTE

Chez M. Rostoland, libraire, rue Paradis, 1, et à l'Imprimerie Samat, quai du Canal, 15.

A MARSEILLE

www.ingramcontent.com/pod-product-compliance
Ingram Content Group UK Ltd.
Pitfield, Milton Keynes, MK11 3LW, UK
UKHW012056240726
13965UKWH00004B/1318